आशुतोष दुबे

आशुतोष दुबे का जन्म सन् 1963 में इन्दौर, मध्य प्रदेश में हुआ। उन्होंने पत्रकारिता और जनसंचार में स्नातक की उपाधि ली है और अंग्रेज़ी साहित्य में पी-एच.डी. किया है। उनके कविता-संग्रह हैं—'चोर दरवाज़े से', 'असम्भव सारांश', 'यक़ीन की आयतें', 'विदा लेना बाक़ी रहे' और 'सिर्फ वसंत नहीं'। कुछ कविताएँ प्रमुख चयनित संग्रहों में सम्मिलित हैं। उनकी कविताओं के अनुवाद भारतीय भाषाओं के अलावा अंग्रेज़ी और जर्मन में भी हुए हैं। अनुवाद और आलोचना में भी उनकी गहरी रुचि है।

उन्हें 'रज़ा पुरस्कार', 'केदार सम्मान', 'अखिल भारतीय माखनलाल चतुर्वेदी पुरस्कार', 'वागीश्वरी पुरस्कार' और 'स्पंदन कृति सम्मान' से सम्मानित किया गया है।

अंग्रेज़ी का अध्यापन करते हैं।

ई-मेल : ashudubey63@gmail.com

संयोगवश

आशुतोष दुबे

राजकमल पेपरबैक्स

राजकमल पेपरबैक्स में
पहला संस्करण : 2023

राजकमल पेपरबैक्स : उत्कृष्ट साहित्य के जनसुलभ संस्करण

राजकमल प्रकाशन प्रा. लि.
1-बी, नेताजी सुभाष मार्ग, दरियागंज
नई दिल्ली-110 002
द्वारा प्रकाशित

शाखाएँ : अशोक राजपथ, साइंस कॉलेज के सामने, पटना-800 006
पहली मंजिल, दरबारी बिल्डिंग, महात्मा गांधी मार्ग, प्रयागराज-211 001
1, अनमोल सोराबजी संतुक लेन, धोबी तलाव, मरीन लाइंस, मुम्बई-400 002
वेबसाइट : www.rajkamalprakashan.com
ई-मेल : info@rajkamalprakashan.com

विकास कम्प्यूटर एंड प्रिंटर्स
ट्रॉनिका सिटी-201 102
द्वारा मुद्रित

मूल्य : ₹199

SANYOGVASH
Poems by Ashutosh Dubey

ISBN : 978-81-19835-95-9

माँ के ही लिए

क्रम

कविता का 'होना'

कविता सबके जीवन में होती है, उसे पहचान पाना सबके जीवन में नहीं होता। इसलिए सब कवि नहीं होते। कवि होना चयन से अधिक एक विवशता है। कवि होना जीवन के घमासान और दैनिक रक्तपात के दरमियान धार के बीच में होने और किनारे बैठकर ख़ुद को और दूसरों को भी जूझते हुए देखने और दर्ज करने का काम है। जिसकी भीतरी कोई आँख खुल जाती है, उसे वैसी नींद नहीं आती। जागना और रोना पड़ता है। यही जाग यही सिसकी उसकी कविता है।

कविता एक ऐसा विचित्र लोक है जहाँ हर बात का विलोम भी पड़ोस ही में रहता है। जीवन की ही तरह। इसीलिए उसमें इतने स्वरों, तेवरों, भाषा-छवियों, प्रसंगों, समयों, स्थितियों, स्वभावों की संकुलता है। उसमें कोई बात अन्तिम बात नहीं। कोई सम्भावना समाप्त नहीं, कोई प्रयोग अवांछनीय नहीं, कोई आवाज़, वो कितनी ही मद्धिम, कितनी ही अनसुनी हो, बेघर नहीं।

कहा गया है कि जीवन को कविता की तरह होना चाहिए। कविता से यहाँ मतलब सुन्दरता से होगा। लय और छन्द से होगा। लेकिन कविता भी हमेशा इस अर्थ में कविता की तरह नहीं होती। वह भी जीवन की तरह हो जाती है : कुछ खुरदुरी, ऊबड़-खाबड़, असमतल। जैसे मुक्तिबोध की कविता। इसीलिए इसे उलट कर कहता हूँ : कविता को जीवन की तरह होना चाहिए। अप्रत्याशित, अपूर्वानुमेय। विस्मय के लिए हमेशा गुंजाइश छोड़ते हुए, एक धारावाहिक संघर्ष, टूटते-बिखरते-समेटते हुए, नश्वरता के तीखे बोध के साथ जूझते हुए और उसके सामने घुटने टेकने से इनकार करते हुए। सुन्दरता को ढूँढ़ते हुए और इस यात्रा में मिली असुन्दरता को भी अपने लेखे में लेते हुए।

कल्पना और स्वप्न और यथार्थ और आकांक्षा के दरवाज़ों से निकलकर उन्हीं के दरवाज़ों में जाते हुए। बीच के आँगन में ठिठकते हुए। सीढ़ियाँ चढ़ते हुए सीढ़ियाँ उतरते हुए। जीवन और जगत से खो गए को अपनी पुरानी टुटही सन्दूक़ में जतन से अवेरते हुए। अपने अप्रस्तुत रह जाने के धक्के से भी सँभलते हुए। देखना-कहना-सुनना-बरतना-पढ़ना-लेना और छोड़ना सीखते हुए और पुराने सीखे हुए को अनसीखा करते हुए। अनगिनत बार के बरते हुए शब्द कविता के भीतर फिर एक नया स्फुरण, नई दीप्ति पाते हैं। एक नयी भाव-ऊर्जा से सराबोर। कविता इसी तरह जीवन के नए संस्करण प्रस्तुत करती है और इस प्रक्रिया में ख़ुद का नयापन पाती है।

जिस तरह जीवन एक तरह का नहीं हो सकता उसी तरह कविता भी; यहाँ तक कि एक ही कवि की कविताएँ भी, एक तरह की ही नहीं हो सकतीं। किसी ने कहा है, "एक तरह का कवि हो जाना अपने भीतर कई कवियों की मृत्यु है।" बड़े कवियों की कविता इसकी गवाही अक्सर देती है। जो बज़िद एक ही काव्य संवेदन, एक ही भाव-लोक से बँधे रहना चाहते हैं वे भी बाज़ दफ़ा पाते हैं कि कविता पर उनका ज़ोर नहीं चलता। वह उनके बावजूद अपने सुर को पा लेती है।

The purpose of poetry is to remind us
how difficult it is to remain just one person,
for our house is open, there are no keys in the doors,
and invisible guests come in and out at will.

(मीवोश)

एक कविता अपनी धोखादेह सादगी में भी महत्त्वाकांक्षी होती है। जीवन के बिम्ब उसमें अपना उत्तर-जीवन पाते हैं। वह सिर्फ़ 'स्लाइस ऑफ़ लाइफ़' भर से संतुष्ट हो जाने वाली शै नहीं; उसका पसारा जीवन को उसके पूरेपन में थामने तक है। नहीं है तो उसकी आकांक्षा में तो यह है ही।

हम तो लेंगे सारा का सारा जीवन
कम से कम वाली बात हम से न कहिए

रघुवीर सहाय कहते हैं।

येव्तुशेंको भी तो यही कहते हैं :

No, I'll not take the half of anything!
Give me the whole sky! The far-flung earth!
Seas and rivers and mountain avalanches—
All these are mine! I'll accept no less!
No, life, you cannot woo me with a part.
Let it be all or nothing! I can shoulder that!
I don't want happiness by halves,
Nor is half of sorrow what I want.

ज़ाहिर है, कविता छूटी हुई चीज़ों तक बार-बार पहुँचने की कोशिश करती है। इसके लिए उसे स्मृति, कल्पना, फैंटेसी, समय के भिन्न आयामों और अपने निजी से सार्वजनिक तक के तमाम गलियारों-वीथियों में घूमना होता है। मलयज के शब्दों में कहें तो "रचने और भोगने का एक द्वन्द्वात्मक रिश्ता है। एक के होने से ही दूसरे का होना है। दोनों की जड़ें एक-दूसरे में हैं और वहीं से वे अपना पोषण-रस खींचते हैं। दोनों एक-दूसरे को बनाते-मिटाते-बनाते हैं।" जो हो रहा है वह बाहर ही नहीं भीतर भी हो रहा है और कविता में उसकी सबसे सान्द्र और संश्लिष्ट जगह बनती है।

जीवन एक बहुत बड़ा, व्यापक पद है। इसमें बहुत-सा जिया हुआ, देखा हुआ, सुना हुआ और पढ़ा हुआ शामिल है। कई बार आपका पढ़ा हुआ, जो बिल्कुल कुछ और है, आपको अपने जिये हुए के पास ले जाता है, जो उस पढ़े हुए से बिल्कुल अलग है और जिसे आप भूल ही चुके थे। लेकिन कविता का पाठ, पाठक की मनोभूमि को संवेदन-उर्वर करके अपनी मौलिक सृजन-क्षमता की ओर ले चलता है। उसमें अपने अजाने-अदेखे अन्त:चेतना के अँधेरे तहख़ाने में पड़े कबाड़ को एक अप्रत्याशित आलोक मिलता है और एक ऐसी भी कविता सम्भव हो जाती है जिसकी पहली-दूसरी पंक्तियों को आने वाली पंक्तियों का कोई आभास नहीं होता। कविता कई बार कवि को अपने इस तरह आने से अचम्भे में डालती है। यही विस्मय कवि का सुख है। अप्रत्याशित की यही विकल प्रतीक्षा कवि की बेचैनी, उसका असन्तोष, उसकी तकलीफ़ भी है। जीवन के तितर-बितर में कविता अपना एक संयोजन ढूँढ़ती है। और उस संयोजन की अपर्याप्तता की टीस से भरकर, अगले संयोजन के सन्धान में जुटती है। अप्रत्याशित का अर्थ अनिवार्यत: अपरिचित से नहीं; अनेक बार वह सुपरिचित का अपूर्व पुनर्विन्यास

भी हो सकता है। अपने आसपास पर एक बहुत अलग निगाह। अपने भीतर की एक अनायास तलाशी। बढ़ते तापमान के बीच भीतर की नमी को, सजलता को, करुणा को सँजोने के जतन। लेकिन जो भी हो, उसमें कवि की सहभागिता अगर महसूस होती है तो कविता सच्ची लगती है।

अपने जिए को कहने में सुनने-पढ़ने वाले की सहज साझेदारी बताती है कि जीवन के इन उलझे हुए अलग-अलग धागों की मूल बनावट एक-सी है। जब यह साझेदारी सम्भव होती है, कवि अपने पाठक के क़रीब हो जाता है। पर कई बार यह नहीं भी होता; तब भी एक वास्तविक पाठक कवि और कविता को इसलिए ख़ारिज नहीं करता कि उसके जीवनानुभव या पाठानुभव से कविता की संगति नहीं बैठ रही। ऐसी अनेक कविताएँ हैं जिनके भीतर प्रवेश नहीं मिलता, लेकिन उनके कुछ बिम्ब, कहन का कोई ढब, किसी पंक्ति का विन्यास, भाषा को बरतने का अन्दाज़, कोई ठिठका हुआ अनुभव, कोई अनचीन्ही कोशिश, और इन सबको अपर्याप्त ठहराते हुए वह 'कुछ' जिसे ठीक-ठीक पहचानना कई बार मुश्किल होता है—बार-बार अपनी ओर खींचता रहता है। कविता, अगर वह बाज़ार में उपभोग हेतु बनाई नहीं गई है तो अपने पाठक के लिए कई मुश्किलें खड़ी करती है। ये मुश्किलें हमारे आनन्द और हमारी यातना की वजहें भी हो सकती हैं।

शायद ही साहित्य के किसी अन्य रूप में अपने 'होने' को लेकर ऐसी सचेतनता होती है, जैसे कविता में। इसीलिए कविता पर इतनी कविताएँ मिलती हैं। यह आत्म-सजगता इस वजह से भी है कि शब्द कविता के भँवर में आते ही अपना अतिरिक्त अर्थ सृजित करने लगते हैं। सहृदय पाठक के मन में बनते अर्थ-वलय कविता को वह सब बनने से रोकते हैं जो कविता अपने अनूठे स्पर्श के अभाव में स्वयं बनकर रह जाती। कई बार जब वह कविता कही जाती है मगर हो नहीं पाती तो यह दुर्घटना घट भी जाती है। यानी वह एक वक्तव्य, ब्योरा, टिप्पणी, रपट सब बन जाती है; बस कविता नहीं हो पाती। दूसरी ओर, हमारे समय में ऐसे भी कवि हुए हैं जिन्होंने नितांत गद्यात्मक रहने का जोख़िम मोल लेकर भी अपने संयोजन से काव्यात्मक उत्कर्ष हासिल किए हैं। जो ग़ैर-काव्यात्मक विषयों में नितांत ग़ैर-काव्यात्मक तरीक़ों और शिल्प में गए हैं मगर इसके बावजूद जिन्होंने उन विषयों को एक असुरक्षित जोख़िम-भरे रास्ते पर चलकर भी एक काव्यात्मक अन्विति देने में सफलता प्राप्त की है।

प्रत्येक कवि, अपने काव्य-स्वभाव के अनुरूप जीवन और समय की बहुविध सच्चाइयों से टकराने, उनसे प्रतिकृत होने और उनमें हस्तक्षेप करने की रणनीति बनाता है। यह रणनीति बहुत सचेत स्तर पर न होने के बावजूद उसकी कविताओं में देखी जा सकती है। बहुधा जो कविताएँ अवसाद, निराशा और पराजयबोध का प्रभाव देती प्रतीत होती हैं, बहुत मुमकिन है, कान लगाकर सुनने पर उनमें किसी घायल, त्रासद और दुर्निवार उम्मीद की फड़फड़ाहट सुनाई दे; बल्कि यह भी सम्भव है कि इसी फड़फड़ाहट में उस कविता का बीज हो। चरम नैराश्य में डूबा व्यक्ति आख़िर कविता भी क्यों लिखेगा? टॉमस मान ने कहा है कि लिखना एक सक्रिय क़िस्म की उम्मीद है। कवि के सामने यह दोहरी चुनौती है कि कविता जीवन से लथपथ भी हो और ठोस और मूर्त दुनिया के रूढ़ हो चुके अर्थों से मुक्त होकर उड़ान भी ले सके। प्राय: कविता का जन्म दिए गए यथार्थ और वांछित यथार्थ की द्वंद्व-भूमि में ही होता है।

कई बार कविताओं में हम दुख को शोभा और अलंकरण की तरह, एक सौन्दर्यात्मक मूल्य की तरह भी बरतते हुए देखते हैं। लेकिन कविता में सुख को लिखना एक ज़्यादा कठिन चुनौती है। बचपन में एक बार पिता के साथ हम दोनों भाई बहुत सुबह उज्जैन रेलवे स्टेशन पर उतरे और वहाँ से पैदल ही अपने गंतव्य की ओर गए। मुझे वो रास्ता याद है। खेतों में से गुज़रते हुए हम। सुबह की ताज़ा हवा का स्पर्श, उगता हुआ सूरज। रंग बदलता आसमान। पिता का खेतों में उगी बेर की झाड़ियों से बेर तोड़ कर हमें खिलाना और उनके साथ, उन्हें सुनते हुए हमारा चलना। उस पुलक तक, उस सुख तक, जिसमें सिर्फ़ एक अनुभव है और जिसमें कोई नाटकीयता नहीं है, उसे शब्दबद्ध करना मेरे लिए तो कम से कम अब तक असम्भव रहा है।

दुखों को हम कितनी सरलता से लिख देते हैं। वे बहुत ज़्यादा प्रत्यक्ष होते हैं। उन्हें हम अपनी शिराओं पर झेलते हैं। उनकी मियाद भी ज़्यादा होती है और उन्हें कहने के लिए बहुत से शब्द, विन्यास, शिल्प हम जानते भी हैं। लेकिन सुख को कहना हमें अचकचा देता है। विष्णु खरे की एक ऐसी ही कविता मुझे बहुत प्रिय है जिसमें कवि बचपन की एक रेलयात्रा का वर्णन करता है। पिता, माँ, बुआएँ सब हैं। बुआ कोई गीत गा रही है। माँ पिता को छेड़ रही है। कवि इस आनन्द में डूबा हुआ चाहता है कि ये यात्रा कभी ख़त्म ही न हो। लेकिन हमें पता है कि ये यात्रा ख़त्म होगी। सुख की हर कविता इसीलिए प्रकारांतर से

उसके खो जाने के दुख की कविता बन जाती है।

कविता पाठक के मन में पुनर्सृजित होती है। कवि भी मूलत: पाठक ही होता है। पहले उसकी दृष्टि चीज़ों को बदलती है और जब कविता का सामान्य पाठक अपनी दृष्टि और अनुभव से कविता पढ़ता है तो चीज़ें दृष्टि और अनुभव सहित और बदलती हैं। वैसे कविता शायद अकेली ऐसी विधा है जिसका सामान्य पाठक शायद ही मिले। यानी वो पाठक जो शुद्ध पाठक हो, ख़ुद एक गुपचुप कवि न हो जो किसी भी समय अपने कवि-रूप में प्रकट होने की प्रतीक्षा में न हो।

अपनी एक कविता से इसका समापन करूँगा जिसका शीर्षक है : 'समस्यापूर्ति'। किसी समय 'समस्यापूर्ति' कविता-प्रेमियों के बीच एक रोचक प्रचलन था। यानी एक पंक्ति दे दी जाती और उसे शामिल करते हुए एक पूरी कविता रचनी होती। कविता इस तरह है :

वह एक पंक्ति है : अकेली और उदास न उसमें मंत्र का सधापन है, न सूक्ति की चकाचौंध।
आरम्भ की चमकीली उठान उसमें कहीं नज़र नहीं आती। अन्त की निर्णायक अन्तिमता उसके बूते के बाहर लगती है।
बीच के असमंजस में वह कहीं भी हो सकती है और नहीं भी।
अपने नीमअँधेरे और निपट एकान्त में वह एक सजल और संतप्त पंक्ति है।
वह एक गढ़ी हुई पंक्ति है जिसकी उँगली अनगढ़ जीवन के हाथ से छूट गई है।
अपने शब्दों की आकुल फड़फड़ाहट के बावजूद वह उड़ नहीं सकती।
उसे प्रतीक्षा है अप्रत्याशित की।
वह बाट जोहती है अपनी सखी पंक्तियों की, जिन्हें उसने कभी नहीं देखा। जो आएँगी अर्थ को चकमा देकर, थाम लेंगी उसे हाथ बढ़ा कर। ले जाएँगी उसे अपने उजास और धुँधलके में।
तब तक वह एक समस्या है, कवियों के लिए।

—आशुतोष दुबे

Every single moment is a coincidence.

—Douglas Coupland

न्यूनतम के सुनसान में

एक अफ़वाह में सच की जितनी छाया होती है
धुएँ में आग की जितनी सूचना
एक सिसकी में जितने दुख का पता मिलता है

उस न्यूनतम के सुनसान में
हमें जाननी होती है समूची कथा

उसके ब्यौरों के घटाटोप से बचते हुए
जिनमें चीज़ें एक-दूसरे को कुचलते हुए एक भगदड़ में नज़र आती हैं

हमें बहुत एहतियात से छूना होते हैं

उस मर्म के पंख
जिनके रंगों की धूल
उँगलियों के पोरों पर चमकने लगती है

एक स्वप्न में उतरने के लिए
उस जाग में विनम्र प्रवेश की ज़रूरत होती है
जिसका रसायन एक नींद के विस्तार पर फैला हुआ है

अँधेरा

जूतों के भीतर
जो अँधेरा है
उसमें सिर्फ़ पैर रास्ता देख पाते हैं

पैरों के उनमें से निकल जाने के बाद
पुराने घिसे हुए फटे हुए
सूख कर अकड़े हुए
फफूँद लगे हुए जूतों में रहने वाले अँधेरे
ग़रीब होते जाते हैं

सड़क पर लाश हो गए
उस आदमी का एक जूता कहीं दिखाई नहीं देता
दूसरा कुछ दूर सड़क पर पड़ा है
और उसमें एक सभ्यता का अँधेरा है

सिर्फ़ एक जूता
हमें बेचैनियों से भर देता है
उसमें अँधेरे का अकथ अकेलापन है

हमें पता नहीं
वो किस तरह अपने साथी को याद करता है

हम उसे फेंक देंगे
किसी अँधेरे कोने में

अँधेरा उजाला

उड़का हुआ दरवाज़ा खोल कर
उजाला आएगा भीतर

पीली मिट्टी की ताज़ी लिपाई पर
खटिया बिछी होगी
अँधेरा उसे बैठने के लिए इशारा कर देगा

मटके के भीतर अँधेरे में पानी होगा
उजाले को थमाएगा
घूँट-घूँट प्यास सोती जाएगी

पुरानी सन्दूक़ों में
पुराना अँधेरा बन्द रहेगा
उजाला उन्हें छेड़ेगा नहीं

दरवाज़े खिड़की सब खोल कर
उजाला रोज़ के कामकाज में लगेगा

अँधेरा चुपचाप कोने में बैठा
देखता रहेगा

निष्क्रमण

मन के संताप
टूटते हैं देह पर

इस किनारे पर
लहर का ज्वर उतरता है

देह तेज़ी से घिसता हुआ सिक्का है
इस पण्य-वीथि में

शय्या पर निर्वसन
वह उस सद्यःवीतरागी संक्षिप्त बुद्ध को

जाते हुए देखती है

आश्चर्य

अपेक्षा की आँखों को अपनी हथेलियों से ढँक कर
जो तालियाँ बजाते हुए कूद कर सामने आ गया है
वही आश्चर्य है

वह सुख भी दे सकता है
और दुख भी

उसका घरेलू नाम 'अरे' है
और उसका पता एक चिह्न है!

उछाल

गेंद को आप अपनी ताक़त से फेंकते हैं
वह टकरा कर उछलती है

और फिर आ जाती है आपके पास
आप मज़े-मज़े में ऐसा करते रहते हैं

और फिर ऊब जाते हैं

तब वह अपनी गति को समेटती है
अपनी दिशा चुनती है
और ठिठक जाती है

वह आपके हाथ में आते ही
आपके बारे में सब जान जाती है

आप ही समझ नहीं पाते
कि गेंद के भी दुख होते हैं

और दुखों की भी उछाल होती है

उध्वस्त

नदी के तल में
पाप की गठरियाँ औंधी पड़ी हैं

मछलियों के पेट में
मृतकों के पिंड मोक्ष पाते हैं

वह जिसका काम दिवंगत को उसके पूर्वजों की धार में छोड़ देना है
रात को पसीना-पसीना होकर उठ बैठता है

भटके हुए मृतक उसे घेर लेते हैं
अपना पता पूछते हैं

वह जो सद्‌गति के व्यापार में है
अक्सर एक बुरे सपने में देखता है

वह घर ढह गया है
जहाँ उसे मरने के बाद जाकर रहना है

कथा में जो वस्तु है

किंवदंती इतिहास मानी जाए
और इतिहास को मिले दर्जा
धर्म की किताब का

लेकिन कथा में जो वस्तु है
वह ऐयार है

वह किस रूप में कहाँ मिलेगी
वह भी जानती नहीं ठीक-ठीक

तुम उसे दीवार पर कील से ठोंकना चाहते हो
और वहाँ कुछ नहीं मिलता

तुम उसे बोतल में बन्द करना चाहते हो
और उसमें कुछ नहीं रहता

तुम उसका वध करना चाहते हो
और वह हवा होकर निकल जाती है खिड़की से

वह कथा है
तुम्हारी ख़रीदी हुई बाँदी नहीं

उसे तुम्हारे सुनते-सुनते बदल जाना है

कथा एक सपना थी

कथा एक सपना थी
जिसे कथाकार ने सचमुच देखा था

लेकिन सपने में कर्फ़्यू लग जाने के बाद
कहानी के पात्र अब उसमें पहले की तरह आ-जा नहीं सकते

कोतवाल के डंडे की ठकठक सपने की सड़क पर है
कथाकार की नींद पर पहरा है
उसके दिमाग़ पर मशीनों के तार जकड़े गए हैं
सपनों में किसी भी अवांछित घुसपैठ की स्कैनिंग हो रही है
जिसने वो कँटीली बाड़ फाँदी उसका मरना तय है

कथा एक सपना थी

जिसकी वजह से कथाकार पर
सचमुच में मुक़दमा चलाया जाएगा

कहानी

कहानी में एक पका हुआ फल था
पर कहानी उसकी नहीं
उसके लापता स्वाद की थी

कहानी घर की थी
पर घर वालों की नहीं
घर की छत पर चिपकी छिपकली के धीरज
और कोने में बने जाले के ऐश्वर्य में झूलती मकड़ी की थी

कहानी में साइकिल पर घर लौटता हुआ आदमी था
पर कहानी साइकिल घर और आदमी की नहीं थी
दिन-भर की थकान की थी
और इंतज़ार की थी
और उसे आता देख
खेलते बच्चों की झटपट खुल गई किताबों की थी

कहानी कुर्ते पर चाय के दाग़ की थी
गुमी हुई चाबी की थी
जिसने ख़ुद गुम कर

अपने ताले को फिंकवा दिया था
आलमारी में बिछे काग़ज़ के नीचे से
अचानक सौ के दो नोट मिल जाने की ख़ुशी की थी

गरम-गरम भात से उठती भाप की थी
बुरे दिनों में कट गई जेब के अफ़सोस की थी
जो अच्छे दिनों में भी होता रहता है

कहानी में जो था
उसकी ओट से
कहानी झाँकती थी

निरंतर

किसी ने सोचा और उचारा
किसी ने समझा और लिखा
किसी ने सुना और सुनाया

क्या वही समझा और लिखा गया
जो सोचा और कहा गया

और जिसने सुना
क्या उसने ठीक वही सुनाया

कथा चुप है
इसके बारे में

वह चुपचाप चलती जा रही है

जाने दो

जो जा रहा है
उसे जाने दो

अगर उसे रोकोगे
तो शायद वह रुक भी जाए

पर रुक जाना रह जाना नहीं है

उसे जाने दो
जो जा रहा है

अपने मन में वो पहले ही जा चुका है
और अब
सिर्फ़ दरवाज़े से बाहर जा रहा है

जाने में होना

जब वे नहीं रहे
तो कुछ को याद आया कि वे थे

वे किसी के काम के नहीं थे
उनका होना एक असम्भवता थी

इस दुनिया में वे एक छाया की तरह आए और गए
उनकी तरफ़ किसी का ध्यान नहीं गया
और जाए इसकी कोई कोशिश उन्होंने नहीं की

वे गर्म रेत में पसीने की बूँद की तरह गए
वे सूखते फूल की सुगन्ध की तरह गए
वे सम्बन्ध से ऊष्मा की तरह गए

वे ऐसे गए कि जैसे थे ही नहीं

जितना हो सके
वे अपने जाने में हुए

पागल

दुनिया को बाहर करके
उसने ताला लगा दिया है

दुनिया उसके बाहर गुज़रती है
और उसे अपने भीतर से देखती है

पागल एक अन्धा शब्द है

जो उससे टकराता है
और ज़ख़्मी होता रहता है

वह है

फूल की ख़ुशबू
उसका इश्तहार नहीं है

वह है।

चुपचाप

कूदती जो देह
तो होती कोई आवाज़

पर एक परछाई गिरी है
इस कुँए में नि:शब्द

सिर्फ़ उसको दीखती है
देखता है जो

लौट जाता है
बिना परछाईं के चुपचाप

नामुमकिन

चाँद के बिना
रात के आसमान का काम चल जाता है
और धरती का भी

पर तारों के बिना यह नामुमकिन है

हम उनकी रौशनी में नहीं
मौजूदगी में चलते हैं

छद्म

छद्म फूलों का एक गुलदस्ता मेरे ड्रॉइंग रूम में रखा है

उसकी वास्तविक सुन्दरता पर मेरी निगाह
असली तितली की तरह बैठती है

वास्तविक के अभिनय में
मैं एक काल्पनिक व्यक्ति हूँ

मैं जो तारीफ़ करता हूँ वह
और फिर क्षुब्ध होकर
जो निन्दा करता हूँ वह
दोनों ही मुझ पर अपने वास्तविक होने का मुक़दमा करते हैं

अपने बचाव में मुझे कहना पड़ता है
ये मैंने नहीं किसी और ने कहा
उस समय का मैं काल्पनिक था
इस समय का मैं
आगे के किसी समय में

कब काल्पनिक हो जाऊँगा
सच कहता हूँ, मुझे नहीं पता

एक दिन स्मृति
मेरे अवांछित नुकीलेपन को तराश कर
मुझे कल्पना की मदद से फिर रचेगी

कहेंगे सब : वे बहुत अच्छे थे
लेकिन एक 'लेकिन'
इस वाक्य के पैर में गड़ा हुआ वास्तविक काँटा होगा
उसे निकाले बग़ैर
यह चल नहीं पाएगा।

कुछ दूर चलने के बाद

कुछ दूर
कुछ और दूर
नंगे पैरों चलने के बाद
दुख का दम भी फूल जाता है

वह भी किसी पुलिया पर बैठकर सुस्ताता है

कोई कुछ कहने लगता है
तो उसे सुनने में उसका मन बहलने लगता है

वह उतना दुख नहीं रहता
अपनी एक आती-जाती याद हो जाता है

घर

एक उम्र पूरी करके धीरे-धीरे
घर में रहनेवाले चले जाते हैं घर से

उनका पता बदल जाता है
थोड़ा-बहुत वे भी

घर बूढ़े होते रहते हैं
लेकिन उन्हें मृत्यु का वरदान नहीं

वे उन्हीं पुराने घरवालों में रहते हैं
जहाँ सब वैसे ही रहते हैं जैसे थे
जहाँ चीज़ें कम थीं मगर जीवन लबालब था
वहाँ सब जीवित हैं
वहाँ सब अपनी-अपनी उम्र में रुके हुए हैं

सबको सहेजे वह घर ढह रहा है
जो याद का चीठा किरायेदार है
ख़ाली नहीं करता

बिल्लियाँ

बिल्लियों के पास मुहल्ले के तमाम घरों के राज़ हैं

भगाने वालों के लिए उनके पास
ख़तरे को तौलती चुनौती-भरी भरपूर नज़र है

वे कुत्तों की तरह सरेआम नहीं करतीं प्यार
बल्कि आदमियों की तरह भी
दिखावे से भरा नहीं होता उनका अभिसार

उनमें एक अलग ही ठसक होती है
और घात की सतर्कता
वे चिड़ियों और चूहों की हलचल के हिसाब से
अपनी एक-एक मांसपेशी को हिलाती हैं
और ठीक क्षण के इंतज़ार में स्थिर और एकाग्र बनी रहती हैं

वे कहाँ अपना बुढ़ापा काटती हैं
कहाँ जाकर देह छोड़ती हैं
उन्होंने सफलतापूर्वक आदमी से
अपने मामले गोपन रखे हैं

बस वे अपने आपसी झगड़े
आपस में नहीं सुलझा पातीं
और न ही चुपचाप सिसक पाती हैं

वे घर-घर में तरह-तरह का दबा हुआ रोना सुनती हैं
और म्याऊँ तक नहीं करतीं
लेकिन उनका खुले गले का रोना
मनुष्यों को बिल्कुल बर्दाश्त नहीं

वे कह नहीं पातीं
कि अगर मार सको तो
ये पत्थर जो तुम हमें भगाने के लिए मार रहे हो

उससे शोक को नहीं
दुख को मारो

कुत्तों की नींद

कुत्तों की नींद
कुत्तों का स्वप्न है

सोते हुए उन्हें कोई उज़बक पत्थर मार देता है
किसी अजनबी कुत्ते की आहट
उनके स्नायु-तंत्र को उत्तेजना से भर देती है
उनकी ओर बिस्किट-टोस्ट फेंकने वाले
किसी की परिचित पदचाप
उन्हें झिंझोड़ देती है

गर्मियों में वे पेड़ों की छाँह में सुस्ताते हैं
सर्दियों में उन्हें भट्टी की राख शरण देती है

नींद में उनकी देह अपनी साँस के झूले में झूलती है

कुत्तों की नींद
आदमी के प्राचीनतम भ्रमों में से एक है
जिसने उन्हें अपनी नींद की ख़ातिर
जागने के काम पर रखा हुआ है

नहीं

वह नहीं होने में
होना चाहता है

दस्तक देने पर
भीतर से आवाज़ आती है :

'मैं नहीं हूँ'

वह खोजने के बाद नहीं
खोजने के दरमियान मिलता है

कहता हुआ :
(यह) मैं नहीं हूँ

यह मैं नहीं

जिस फूल को देखकर
मन खिल जाता है
हो सकता है
वह अनमना खिला हो।

खिलने की भाषा में भी
उदास हो सकता है फूल
बहुत पहले की चमक में
कोई तारा
अपने होने के दिनों को याद कर सकता है

चिड़ियों के चहचहाने में
हो सकता है उनका कोई सामूहिक शोकगीत

पर हम उन्हें अपनी भाषा में देखते-सुनते हैं
अनुवाद करते हुए

और मूल कभी नहीं कहता
यह मैं नहीं

तुम्हीं हो

संक्षिप्त

सौम्य झूठों का एक बड़ा बाज़ार है
जैसे कि माफ़ी

जिसे माँगने वाला
और जिसे देने वाला
अक्सर झूठ बोल रहे होते हैं

लेकिन वह महानता का एक संक्षिप्त क्षण है
जो अपना काम करके शराफ़त से गुज़र ही जाता है

नींद

सपने में एक नींद आई थी
सोई हुई

जागने में एक जम्हाई थी

और उसमें
खोई हुई उस नींद के
सारे सुराग मिलते थे

देह का अभिनय

सुन्न पड़ चुकी देह
अभिनय करती थी देह का

इच्छा के सोए बदन पर पड़ता था
ज़रूरत का चाबुक
और शय्या को जागना होता था

सुख की सिसकारियों में
दुख एक दूसरे को मथते थे

इस रंगमंच पर जो भी था
वह सब किसी और देह के निमित्त था

जिसे अपनी उत्तेजना में
ढूँढ़ना था किसी और देह को

या अपनी ही देह को बरतना था
अन्य की तरह

ज्वार लौट जाता था
ज्वर उतर जाता था
कामना की देह फूलकर उतराते हुए
किनारे पर रेत में धँस जाती थी

वहाँ उसे फिर जन्म लेना था

बोलने के मौक़े पर

बोलने के मौक़े पर
जो चुप रह जाते हैं

अगली बार
जब बोलते हैं

तो सारा ज़ोर लगाने के बावजूद
आवाज़ एक फुसफुसाहट में बदल जाती है

और वो सोचते रह जाते हैं
कि वे इतनी अहम बात कह रहे हैं
और कोई सुन क्यों नहीं रहा है

शक्ति के नियम

विजेताओं की विनम्रता
एक सुन्दर दृश्य बनाती है

विजय में विनय
जैसे कुछ भला-भला सा अजूबा

जैसे अफ़सर का आपको देखकर मुस्कुरा देना
हाकिम का पहचान लेना
कामयाब व्यक्ति का एक बार में ही फ़ोन उठा लेना

यही उसके भलेपन और सहजता की
तमाम कहानियों की कुल जमा पूँजी है

बाक़ी असरदार द्वारा किए जाने वाले अपमान का क्या है
वह तो इतना नियमित है कि कुदरती है

अधीन को अपमानित न करना
शक्ति के नियमों के ख़िलाफ़ जाना है

विदेह

कभी नाख़ून काटना भी
पहाड़ की तरह लगता है
दाढ़ी बनाना अजाब
आलमारी खोलने पर
क़मीज़ों की हँसी सुनाई देती है

उस पहिये की आत्मा मेरे भीतर क़ाबिज़ है
जिसे कोई बच्चा
एक डंडी से लुढ़का रहा था
और अब उस घूमते पहिए के पीछे
दौड़ते रहने से ऊब कर पीछे रह गया है

पहिए को साधे रखने वाली रफ़्तार
मायूस होकर जा चुकी
अब टेढ़ा-मेढ़ा होता हुआ
मैं ज़मीन पर गिरने ही वाला हूँ

भाड़ में जाएँ
न जाने किस तरफ़

भागते-दौड़ते-हाँफते लोग
उनके क़दमों की आवाज़ भी
अब बहुत दूर चली जाए
मेरे ऊपर गिरते रहें सूखे पत्ते और धूल
जिनके ऊपर से सरपट गुज़र जाए गिलहरी
कोई भटकती हुई चींटी
मुझे टोहने चली आए
कभी हवा मेरा चेहरा देखने के लिए
ज़ोर से चले और उसे कुछ न दिखे

नाम और निशान
घुलते रहें बेआवाज़

पुँछते जाएँ मेरे तमाम पते
हर तरह की तख़्ती से

विपथ

कथा में रावण मरता है
मंदोदरी शोक में जीवित होती है
अशोक में सीता

पुष्पक सिर्फ़ अयोध्या तक जाता है
लेकिन अयोध्या के बाद भी वन है
वन तक
रथ जाएगा

किरदार की तरह
कथाकार को तब आना होगा
कथा को सँभालने

खलनायक के गिरने से
जो धूल उड़ी है
सुखान्त उसमें रास्ता भूल गया है

बेटिकट

शाम से ही ख़ुमारी में आ जाता है शनिवार
बेवजह मुस्कुराता हुआ
मन कुछ हल्का रहता है
कुछ खुला-खुला सा
ऐसा लगता है बर्बाद करने को पूरी ज़िन्दगी पड़ी है

शनिवार की रात एक बेफ़िक्र रात है
इसके अगले सिरे पर कर्कश अलार्म की निर्मम झिंझोड़ नहीं है
खिड़की से धूप जब चेहरे तक चली आएगी
घड़ी को धता बताते हुए
तुम चादर चेहरे पर खींच लोगे

रविवार दिनचर्या से बग़ावत का संकल्प है
और कोई तुम्हें इससे डिगा नहीं सकता
तुम यह मन ही मन दोहराते रहते हो
कि दोपहर झुक आती है

और रविवार के बदन में फैलने लगता है
सोमवार का ज़हर

तुम अनमने हो जाते हो
दिन अभी बाक़ी है
पर उस पर आने वाले दिनों के दु:स्वप्न
चमगादड़ों की तरह मँडरा रहे हैं

तुम्हारे रविवार की जेब कट गई है
और तुम्हें आने वाले सप्ताह में बेटिकट लौटना है

भूलना हमेशा एक फ़ैसला है

भूलना हमेशा एक फ़ैसला है

उसकी लगातार कोशिश
एक हार है

एक याद
हमेशा इस हार की याद है

बन्द घड़ियाँ

समय की उँगली धीरे-धीरे
उनके हाथ से छूटने लगती है
वे क्रमश: समय से पीछे होने लगती हैं
और अपने किसी पसन्दीदा वक़्त में ठहरकर
आगे बढ़ने से इनकार कर देती हैं

आदतन हम उन्हीं की तरफ़ देखते हैं
और भर जाते हैं बेचैनी से

बन्द घड़ियाँ एक बदले हुए समय को
अपनी ठंडी आँखों से देखती रहती हैं
सिर्फ़ दो बार उनके काँटों में अदृश्य-सी लरजिश होती है
जब सही समय घड़ी का दरवाज़ा खटखटाता है

वरना उन्हें तो पता है
उनका समय आ गया है

शेष

शब्दों के ख़र्च हो जाने के बाद भी
कहना बच जाता है

बचे हुए कहने में
बच जाते हैं
कहने वाले

सूखे कुएँ में जो प्रतिध्वनि रहती है
वह उसे सुनती है

सीखना

हारना सीखना होता है
जैसे छोड़ना
जैसे जाना

बहुत सारे सीखे हुए को
अनसीखा करना पड़ता है
जैसे समेटना
जैसे सहेजना

बिखेरना सीखना होता है
सीखना होता है बिखरना

टुकड़ा-भर

अधखुले दरवाज़े में फँसा है
भीतर का एक टुकड़ा दृश्य

यह एक घर का दृश्य है
इसमें जीवन की बेतरतीबी छितरी हुई है

एक बच्चा घुटने-घुटने चलता हुआ
इसमें आ जाता है
उसे उठाने के लिए
पीछे-पीछे चली आती है एक स्त्री

एक आदमी अभी-अभी
निकलकर गया है शायद
गली में रात झुक रही है

खुले दरवाज़े बेचैनी का सबब हैं
वह औरत बच्चे को उठाएगी
और बन्द कर देगी दरवाज़ा

जो भीतर से देखेगा
भीतर का दृश्य

मैं तो कब का गुज़र चुका हूँ
उसके सामने से

और पास आइए

और पास आइए
थोड़ा और
हाथ कन्धे पर रख दीजिए
थोड़ा तिरछे खड़े होकर
देखिए उनकी तरफ़
ऐसे नहीं, प्यार से
और ज़रा मुस्कराइए आप लोग
मुस्कराने के पैसे नहीं लगते

यही सब कहा था
उस हँसमुख छोकरे फ़ोटोग्राफ़र ने
जब दस साल पहले वे शिमले गए थे

बस वही डेढ़ चम्मच रूमान
आ पाया इस फ़ोटो में
जो और कहीं नहीं आया

वह इस पुरानी होती तस्वीर को देखती है
तो उसे बीता हुआ समय नहीं

वो छोकरा याद आता है
और पास आने की उनकी अचकचाहट पर
उसका हँसना

अदृश्य

एक भव्य दिखने वाला आदमी भी
भीतर से खंडहर हो सकता है

और वह बहुत खिलखिलाती,
झरने जैसे बहाव वाली स्त्री
अपने भीतर की किसी निचाट
घोर घाम-भरी दुपहरी से त्रस्त
अपनी हँसी में ठौर ढूँढ़ती हुई हो सकती है

प्रेम की हिंसा
दिखाई नहीं देती

एक दिन मैं सीख लूँगा

एक दिन मैं सीख लूँगा
तुम्हारे बिना रहना

एक दिन दुख भी नहीं बचेगा
दुख की एक पुरानी पड़ती याद रह जाएगी

जैसा भी होगा, जीवन हमें सोख लेगा
हम एक दिन की सुरंग से दाख़िल होते रहेंगे अगले दिन की सुरंग में
हम बिल्कुल रोज़मर्रा में अपने-अपने घर बनाएँगे
जिन्हें लगातार उखाड़ना बसाना होगा
इसी तरह हम अपने बीतने का विन्यास रचेंगे
एक दिन यह ज़ख़्म नहीं रहेगा
एक दिन उस पर यह पपड़ी भी नहीं रहेगी
यह मीठी खुजली भी बिला जाएगी एक दिन
एक दिन ज़ख़्म के बाद आई यह नयी त्वचा भी पुरानी जैसी ही हो जाएगी

आँखें कुछ देर बाद अँधेरे में देखने लगेंगीं
पुराने फ़ोटो एलबम में बूढ़े होते रहेंगे
उम्र हमारी शक्लें बदल देगी पहचान के बाहर

प्रतिध्वनियाँ हमारी आवाज़ों से ले लेंगी विदा
हमें पहाड़ पर अकेला छोड़
घाटियों में छुप जाएँगी

तब भी आएगा ये मौसम जिसमें ये हवा चलती है
अजीब-सी सिहरन है इसमें अजीब-सा सुरूर भी
पत्ते गिरते हैं इस मौसम में और धूल के बगूले हैं
पता नहीं कैसा कलेजे में हौल पड़ता है

कमज़ोर नज़र से भी आसमान दिखाई देगा
इतना ही साफ़ इतना ही नीला
और ये हवा इतनी ही पागल ऐसी ही ख़तरनाक
उसी तरह छूती हुई मन को

लेकिन तुम इतना सोचना मत

एक दिन मैं सीख लूँगा
तुम्हारे बिना रहना

कहते-कहते

कहना ज़रूरी है
ये कहा सबने

प्यार को
पछतावे को
नाराज़गी को

पर अक्सर मैं कहते-कहते रुक गया हूँ
इस यक़ीन में कि वह समझ लेगा

अक्सर मैं कहते-कहते रुक गया हूँ
कि कहना कहीं उसे झूठा न कर दे
जो कहना चाहता हूँ

अक्सर मैं कहते-कहते रुक गया हूँ
कि क्या यह ठीक वही है
जिसे कहना चाहता हूँ

क्या वही आँच
वही शिद्दत
गहराई वही है!

और फिर चुप रह गया हूँ

एक चुप्पी अपनी कहन में
खौलती-सी रह गई है

शब्द ये जो देखते हो
मन की काया पर पड़े
छाले वही हैं

चुम्बन

कामना का पहला चुम्बन
दरवाज़े पर दस्तक की तरह है
दरमियानी तमाम चुम्बन
देह के बुख़ार का तापमान हैं

ज्वार के बाद का चुम्बन
दरअसल प्रेम का चुम्बन है

और पूर्णविराम के विरुद्ध है

डरते-डरते

प्रेम के लिए जगह ज़रा कम है
डर के लिए थोड़ी ज़्यादा

डरते-डरते हमने प्रेम किया
अक्सर इतना डरकर
कि उसे बताने और जताने में भी डरते रहे

अन्त में हमारे पास प्रेम नहीं, डर रहा
अन्त में हमने इस डर से ही प्रेम किया

अन्त में हम प्रेम से ही डरने लगे

निर्बल का बल

जैसे बिजली का स्विच दबाते हो
और झपाक से उजाला गिरता है
वैसे कहाँ घटता है प्रेम?

प्रेम के घटित होने में
बहुत सरंजाम हैं
बहुतेरी जुगत
जैसे लालटेन जलाने में

एक दौर का प्रेम
फ़र्ज़ की तरह अदा होता है
उसके 'करने' में
बलात की कारसाज़ी है

फिर समय गुज़रता है
उतना कस नहीं रहता
और हाथ की पकड़ ढीली पड़ जाती है

जब बल नहीं रहता
पाते हैं कि अरे
प्रेम हो गया है

प्रेम निर्बल का बल है
जब पैर डगमगाते काँपते हैं
तब हाथ पकड़ता है

अकथ

कह देने के बावजूद
कहा नहीं जा सकता
कि जितना है, जैसा है
प्यार पहुँच गया है वहाँ तक
ठीक उतना और वैसा ही

पर चुप्पी बता देती है ठीक-ठीक
नाराज़गी की मिकदार

एक फ़ोन जिसकी रिंगटोन मन में बजती है
गूँगा पड़ा रहता है

अबोला बोलता रहता है

और तुम्हारे अलावा
उसे कोई नहीं सुनता

एकतरफ़ा

आसान नहीं था
कि उससे इतना प्यार किया
कि उसकी तरफ़ से ख़ुद को भी प्यार किया

यक़ीन में घर बनाने के बाद
वह एक लगातार बारिश में भीगता है

जिस गीली लकड़ी का धुआँ घर-भर में है
वह उसकी धधक में खड़ा है

यह पत्थरों के टकराने से नहीं
उन्हें देखते रहने से पैदा हुई चिंगारियाँ हैं

जब वह आपको इस सब के बारे में बताए
तो आप उसे इस तरह से देखने से बचिए
जैसे किसी ऐसे पंछी को
ऊँचा और ऊँचा उड़ते देख रहे हों
जिसके पंखों को लकवा होने ही वाला हो
और नीचे चट्टानों में उसका इन्तज़ार हो

अनारम्भ

प्रेम में कल्पना को पंख लगते हैं
कल्पना में प्रेम और ऊँची उड़ान भरता है

इस वाक़ई दुनिया के ऊबड़-खाबड़ में
लहूलुहान पैरों को
भुलाए रखता है मन

हम प्रेम की कल्पना से
बहुत प्रेम करते हैं
हम प्रेमी गढ़ते हैं
और उन्हें किसी दुखांत में ले जाते हैं

उनके प्रेम के सुख में
हम अपना रेगिस्तान पार करते हैं

प्रेमियों के दुख में
हम अपने लिए एक लम्बी साँस छोड़ते हैं

वह दुखांत
जिसमें हमारी प्रेम-कहानियाँ विसर्जित होती हैं
उन कहानियों का भी है
जो कभी शुरू ही नहीं हुईं

वसंत

बहुत सालों तक
कु. अनीता ताम्हणे बी.ए. अन्तिम वर्ष 'स'
बसंत पंचमी के दिन पीले कपड़े पहनकर
क्लास में जाती
और कक्षा में वसंत आ जाता था

वैसे अनीता का वसंत कभी-कभी उस दिन क्लास में नहीं भी आ पाता
उस बेचारे की साइकिल पंक्चर हो जाती थी
या उसके पिताजी कोई काम बता देते थे

उन दिनों वसंत सहमते हुए आता था
उसकी जान को पचासों अजाब थे

वसंत बस दूर-दूर से देखता था
मुस्कुरा भी देता था कभी-कभी
ज़्यादा से ज़्यादा चौराहे तक पैदल साथ आ जाता था
फिर कु. अनीता सिटी बस में मल्हारगंज
और उसका वसंत साइकिल पर नेहरूनगर चला जाता था

आज वसंत एक माध्यमिक विद्यालय में बच्चों को
निराला की कविता पढ़ाता है
और कु. अनिता ताम्हणे अब भी वसंत पंचमी पर
पीली साड़ी पहन दफ़्तर में जाती है

उनके सपनों में अब भी वसंत देता है
दरवाज़े पर दस्तक
पर जब वे अपन-अपने घरों के दरवाज़े खोलते हैं
बाहर कोई नहीं होता

दुश्मन

एक स्त्री की नींद के
बहुतेरे दुश्मन हैं
अलार्म की जगह
उनमें सबसे नीचे है

जैसा उसे कहा गया था

जैसा उसे कहा गया था
उसने सिर्फ़ शाम को
घर का दरवाज़ा खोला
जब पति लौट आया काम से

पूरे दिन उसने दीवारों से बात की
अपनी उँगलियों से हवा में लिखती रही

फिर बच्चे आए
जब वे बड़े होते गए
तो दरवाज़े खुलने लगे
और खुलते गए धीरे-धीरे

बच्चे अब अपने आसमान में हैं
और दरवाज़े खुले हुए

लेकिन अब वह कहीं जाती ही नहीं
यह नहीं कि इस बीच वह चलना भूल गई है
लेकिन अब उसके घुटनों में जानलेवा दर्द रहता है

उसे मैं अपने बचपन से जानता हूँ

परीक्षा देने आई उस लड़की का बच्चा
बस पन्द्रह दिन का था
दो पेपर्स के बीच के सिर्फ़ आधा घंटे के वक़्फ़े में
उसे बच्चे को दूध पिलाना था
उसने जब कुछ व्यग्रता कुछ हड़बड़ी
और शायद मना कर दिए जाने के डर के बीच इजाज़त माँगी
और इजाज़त मिलते ही जिस तेज़ी से वह सीढ़ियाँ फलाँगती नीचे उतरी
तो मुझे कुछ और याद आया
ऐसा कुछ जो मेरी याद में कहीं नहीं है

बरसों पहले एक स्त्री
इसी तरह अपने छोटे बच्चों को पड़ोसियों-रिश्तेदारों के पास छोड़
इम्तहान देने जाती होगी
कभी-कभी अपने सबसे ज़िद्दी छोटे को पति को सँभला
जो वहीं कॉलेज की इमारत के पास बच्चे को बहलाते रहे होंगे
वह उत्तर लिखती होगी और बच्चे का रोते हुए
उसके पीछे-पीछे भागना
उसके दिमाग़ में चक्कर काटता होगा

लौटते हुए बच्चे को न जाने किस अपराध-बोध से
ज़्यादा लाड़ करती हुई
वह उसे कुछ पसन्द की चीज़ दिलाती होगी
तीनों घर वापिस आ जाते होंगे
पीछे पत्नी, आगे बच्चे को बिठाकर साइकिल पर पति

इसी तरह इम्तहान होते रहे होंगे
और वह उनका सामना करती रही होगी

वह लड़की जो अगले पर्चे के लिए
जल्दी-जल्दी फिर हॉल में घुस रही है
उसे मैं अपने बचपन से जानता हूँ

एक दिन वह ख़ूब सोएगी

उसकी थोड़ी-थोड़ी नींद
रोज़-रोज़ बच जाती है

सुबह भी नहीं होती
और रसोईघर से चाय की भगोनी में
उसका इन्तज़ार खौलने लगता है
बची हुई नींद की जम्हाइयों के साथ
वह अपनी दिनचर्या का द्वार खोलती है

एक दिन वह ख़ूब सोएगी
सबको हिदायत देकर
कि कोई उसे न उठाए

उसकी तमाम रातों में
उस दिन का सपना आता है

प्रतीक्षा

एक दिन जब पिता नहीं रहते
सबको पिता बनना होता है

सोते हुए उनकी आँखें अधखुली हैं
उनकी गन्ध पसीने की गन्ध होगी

छत की सेंध से आएगी एक लकीर धूप की
और उनकी चौड़ी पीठ में खुबेगी
मैं बचपन की मुट्ठी में हाथ बढ़ाकर पकड़ूँगा
धूल के कणों को जो उसमें तैर रहे हैं
हाथ में न धूप आएगी न धूल

उनका हाथ उनके सिर के नीचे रहेगा
उन्हें कभी पता ही नहीं चलेगा धूप की उस लकीर का

वे अपनी दुपहर की बेहोशी में सो रहे होंगे
मैं जागता रहूँगा छुटपन की ऊब में

एक दिन अपनी दुपहर में
याद करूँगा उनकी उस दुपहर को
उनके अपने में जागने का इन्तज़ार करूँगा

वे तमाम औरतें

एक समय बहुत से घर थे मेरे
हर जगह पीढ़ा था हर जगह बिछौना
कहीं भी खा लेता कहीं भी सो जाता
घट्टी पीसती औरतों की बातचीत के बीच
किसी की गोद में सिर रखे-रखे ऊँघ जाता
माँ भेजती बहन को मुझे ढूँढ़ने के लिए
जो मुझे जगाए बग़ैर उठा कर ले आती

वे तमाम औरतें जो जाड़े में धूप ढूँढ़ती रहतीं
जिसमें बैठ उन्हें भाजी तोड़नी होती थी
वे जो आपस में लड़तीं एक-दूजे के लिए अशुभ उचारतीं
और एक-दूसरे के दुख में रोती थीं
जो गाय और कुत्ते के लिए रोटी निकालती थीं
और नहाकर शंकर जी पर जल चढ़ाती थीं
औरतें जो बेझिझक एक कटोरी शक्कर एक-दूसरे से माँग लेती थीं
जो मिल बन्द हो जाने से बेकार हो गए
अपने पतियों को समेटकर आदमी बनाए रखती थीं
जिनके पल्लू में गुड़ी-मुड़ी छोटे नोट और खुल्ले पैसे बँधे होते थे
जो सब्ज़ी वाले की नाक में दम कर देती थीं

जो पढ़ी-लिखी नहीं थीं मगर जिन्हें कोई ठग नहीं सकता था
जो अपनी सीधे पल्ले की साड़ी का आँचल सिर से खिसकने नहीं देती थीं
और जाड़े में उसी से नाक-मुँह ढँक लेने की जुगत करती थीं
जो मज़दूरी करने जाती थीं
जो घर पर ही पापड़-अगरबत्ती बनाकर अपना श्रम बेचती थीं
जो लीलावती और कलावती के सुख-दुख में डूबती-उतराती थीं
जिनको राजनीति के बारे में सिवा इसके कुछ पता नहीं था
कि देश में इन्द्रा गांधी का राज है
जो संतोषी माता का व्रत रखती थीं
खटाई से डरतीं और उद्यापन में चने की सब्ज़ी बनाती थीं
जो शादियों में लम्बा घूँघट करके नाचतीं तो ढोली को थका देती थीं
जिनके पास अनन्त कथाएँ थीं गीत थे और उतने ही दुख
लेकिन जिन्हें कभी पस्त देखा नहीं गया

नींद टूट गई है और जागने पर दिखता है
अब कहीं और जागा हूँ
वे घर अब कहीं नहीं हैं जिनमें पनाह थी
वे औरतें समय में घुल गई हैं
जो किसी शौर्य चक्र के बग़ैर भी जूझती रहीं लगातार
घट्टी के पाटों की रगड़ से रचती रहीं अपना जीवन-संगीत
जिसे उनकी बातों के साथ सुनते-सुनते
उन्हीं में से किसी की गोद में
न जाने कब आँख लगती रही उस छोटे से लड़के की

सुख की उम्र

तस्वीरों में दिखनेवाले सुख की उम्र
सुख से बहुत ज़्यादा है

एक दिन हम
उसके सामने ठिठक जाते हैं

याद करने
पहचानने की कोशिश करते हैं

उसकी धूल पोंछकर रख देते हैं

कुछ पीला पड़ता हुआ
वह हमें देखता है
हमारे उसके सामने से हटने के पहले

मुलाक़ात

गर्मी की दुपहर खाने के बाद की ऊँघ
कि उन्होंने घंटी बजाई
इतनी धूप में
अस्सी से ऊपर का क्लांत श्रांत वृद्ध
रूमाल से पसीना पोंछता
बताया उन्होंने उनका नाम वळे है मिलने आए हैं पिताजी से

अचकचाया कि क्या मिलेंगे
ऐसे व्यक्ति से जिसके लिए अपनी संतानों को भी पहचानना मुश्किल हो
और जो अपने दिमाग़ में भटकते हुए बार-बार रास्ता भूल जाता हो

बैठाया पानी का गिलास दिया
वे पिताजी के बचपन के दोस्त थे भोपाल के रहने वाले
यहाँ इन्दौर के तिलकनगर में रहने वाली अपनी बेटी के घर आए थे
अपने मित्र से भी मिलने चले आए

कहा मैंने मिलना मुमकिन नहीं होगा
पिताजी अब किसी को नहीं पहचानते

वे सब कुछ भूल चुके हैं
हालाँकि कभी-कभी अचानक याद आ जाता है उन्हें सब कुछ

वे चुपचाप रहे कुछ देर फिर चाय पीते हुए
बताने लगे बहुत-सी पुरानी बातें
उनकी बातों में पिता कुछ और ही थे
किशोर, मित्र-वत्सल, हमेशा संकट में मदद और हिफ़ाज़त करने वाले

असमय उनके आ धमकने की खीझ जाने कहाँ बिला गई
मैं उनकी आँखों से देखने लगा अपने पिता को उस वय में
जिसमें उन्हें देखना असम्भव था

अन्त में वे उठे और धीरे-से बोले,
मैं एक बार उन्हें देखना चाहता हूँ

दवाओं के असर में सोते हुए पिता को उन्होंने देखा
और सिर तक हाथ ले जाकर नमस्कार किया

यही मुलाक़ात थी
फिर वे दोपहर में धीरे-धीरे ओझल हो गए

डंक

सबकी आँखों के सामने बेझिझक
मुहल्ले के शोहदों से इशारेबाजी करनेवालीं
वे बेधड़क लड़कियाँ
वक़्त पर ब्याह करके न जाने कहाँ चली गईं

और वे आवारा छोकरे भी
अपने शिशुओं को कन्धे पर थपकते हुए
देखे गए अस्पतालों के चक्कर काटते

जीवन इसी तरह
सबका डंक निकाल फेंकता है

चीज़ें अपनी शक्ल बदलती हैं

बिजली के उन प्राचीन खटकों में
अपना एक रौब था
वे अपनी आवाज़ से ही बता देते थे
कि वे खटके क्यों थे

और बिजली के वो बल्ब
जिन्हें हम गुलुप कहते थे
अपनी पीली कुछ बीमार रोशनी के बावजूद
हमारे जीवन में प्रकाश का निर्विकल्प स्रोत थे
जिस शाम घर में पहली ट्यूबलाइट लगी
और पता चला कि रोशनी सफ़ेद भी होती है
हमने उत्सव-सा मनाया
जिसमें गुलुप सर झुकाए कब निकल गया
हमने देखा ही नहीं

वे काले गोल डायल वाले भव्य फ़ोन
जिनमें खर्र-खर्र नम्बर घूमते थे
अपनी घनघनाती घंटियों से हममें एक लपक पैदा कर देते थे

और जोशी जी का वो वेस्पा
जिसे घेरकर हम सब खड़े रहते
और झिड़कियाँ खाते
अपने शानदार दिनों में हमें ख़ुद को छूने भी नहीं देता था

फ़िलिप्स और मरफ़ी के वे बड़े वॉल्व वाले रेडियो
जो हमारे सबसे बड़े हमदम और पक्के दोस्त थे
मदद और मरम्मत के बाहर होते गए

चीज़ें अपनी शक्ल बदलती हैं
मनुष्यों की ही तरह
वे और सुविधाजनक और सुन्दर और छोटी होती जाती हैं

हम अलबत्ता उन्हें फेंकते
और उनकी तरफ़ लपकते हुए
जाते रहते हैं
कबाड़ होने की तरफ़

बहुत साल पहले की बात है

बहुत साल पहले की बात है
एक दिन मैंने सोचा
इस घर में इन लोगों के साथ
अब और नहीं रहना

झूठ क्यों बोलूँ
एक दिन मैंने
आत्महत्या के बारे में भी सोचा था
अपनी कल्पना में मैं कई बार अपना इस्तीफ़ा लिखकर
बदतमीज़ अफ़सर के मुँह पर फेंक चुका था

जिसके साथ रात-दिन का उठना-बैठना रहा
उस दोस्त से इतनी चिढ़ हो गई थी
कि उसका मुँह भी न देखने का इरादा तक किया था कभी

मैं उसी घर में रहा
उन्हीं लोगों के साथ
ज़िन्दा भी हूँ
और रहना चाहता हूँ जब तक मुमकिन हो

उसी नौकरी में हूँ
उसी अफ़सर के मातहत
आज भी उसी दोस्त के साथ
गुज़रता है मेरा ज़्यादातर वक़्त

जैसे मनुष्य के शरीर में सत्तर प्रतिशत जल है
वैसे मेरे मन में सत्तर प्रतिशत गल्प है
जो मुझे जीवित रखता है

उसी में रहते हैं
मेरा प्रेम मेरा ग़ुस्सा
मेरा मोह और मेरी घृणा

उसी से मेरे उस तीस प्रतिशत का काम चलता है
जिससे आप मिलते हैं
और मेरे बारे में अपनी राय बनाते हैं

देर रात जब वह करवट लेगी

देर रात जब वह करवट लेगी
उसके शरीर में छुपे हुए दुख
उसे अपने नये ठिकाने बताएँगे

अभी तो वह लौट रही है
बस में बैठी हुई

दफ़्तर और सहकर्मी पीछे छूट गए हैं
थकान किसी पुरानी सहेली की तरह
उससे लगातार बतियाना चाहती है

पर वह हूँ हाँ करते हुए उसे सुन नहीं रही
सोच रही है
आज शाम के खाने में
सब्ज़ी का क्या करेगी

देह

ज़रा ठसका लगता
तो कोई पानी थमाता
कोई थपथपाता पीठ
दुखता जो माथा
बाम लगाता कोई
कोई पानी के गिलास के साथ लाता दवा

बहुत जतन था घाम में जाड़े में
देह का
पैरों को काँटों से बचाया
कभी जो छाला पड़ा
सी-सी करते घूमे देर तक

और अब जतन है कि
ठीक से उठ जाएँ लपटें
लकड़ियाँ रखी जाएँ किस बिध
कितना घी कितना चन्दन
कि भस्म हो अच्छी तरह
ठीक से फूट जाए कपार

फिर भी ऐसे रहना है

तारीफ़ें कुम्हला जाती हैं
आँखों की वैसी चमक को भी बुझते जाना है
मिलते हुए हाथों की वह गर्मजोश सख़्ती भी वक़्ती है

एक ही दिन में पृथ्वी को घूम जाना है
सुबह और शाम के छह बजे
अलग-अलग होना है आसमान का रंग
एक वक़्त में लिखा
किसी और वक़्त में अजनबी की तरह घूरता है

जिस याद में रह जाने को इतनी छटपट है
उसका कोई जीवन बीमा नहीं है

फिर भी ऐसे रहना है
जैसे हमेशा रहना है

भूलने में ही रहना है
जब तक हो सके

बबूल

दो किशोर बबूल उग आए
घर के पिछवाड़े की ख़ाली ज़मीन पर
हवा चलती तो रगड़ाती रहतीं दीवार से
उनकी काँटों-भरी डालें
जैसे खुरचतीं शरारतन उसका रंग अपने नाख़ूनों से
वही डालियाँ जो बूढ़े आदमी को देती थीं दातुन
और अपने नीचे खड़े रहने की जगह

"कौन उगाता है अपने घर में बबूल"
लड़के भुनभुनाते
"उगाया किसने है पर उग आये हैं तो रहेंगे
समझो मेरे दत्तक पुत्र हैं"

बेटे ख़ूब हँसते इस पर
आदमी तरह-तरह से सनक जाता है बुढ़ापे में
इसलिए बबूल रहते चले आए
जब तक तय नहीं हुआ
घर का बढ़ाया जाना

घर बढ़ गया
और हट गए बबूल भी
और बूढ़ा आदमी भी
समय आने पर

अब हवा जब ज़ोर से चलती है
हिलती हैं न दिखनेवाली डालियाँ
हल्के से डोलता है पीछे वाला कमरा
बूढ़ा आदमी तस्वीर में मुस्कुराता है

मरणासन्न : 1

मृत्यु उनके सिरहाने खड़ी है
और वे तैयार हैं

प्रतीक्षा है घर-भर में
जो आँखों में डबडबाती है

वे पूरे हवास में हैं
सबको नमस्कार करते हैं
दोनों हाथ उठाकर भरोसा दिलाते हैं
कुछ पलों बाद इशारे से आगंतुक को जैसे कहते हैं
बस, भेंट हो गई। जाओ अब।

अन्तिम समय है
और वे जानते हैं

उन्हें कोई क्या कुछ कहेगा
अपनी तैयारी से वही सबको दिलासा दे रहे हैं

शोक अभी स्थगित है
उसे उनका इशारा नहीं मिला है

मरणासन्न : 2

मरते हुए आदमी से क्या कह पाते हैं आप?
क्या कह पाता है मरता हुआ आदमी आपसे?

क्या आप कह सकते हैं
जाने का पल आ गया है
अब बिना मुड़े, बिना पीछे देखे
बिना किसी पछतावे के जाइए

या कहेंगे थोड़ा मुस्कुराने की कोशिश करते हुए
कि जल्दी अच्छे हो जाइए आप
अभी तो आपको बहुत कुछ करना देखना है
तमाम शब्द गले, ज़ुबान और होठों के बीच
रेत के किसी दलदल में फँस जाते हैं

आप उसे देखते रहते हैं
उसका मुश्किल से साँस लेना
उसकी आँखों में उजाले और अँधेरे का वह खेल
उसकी बेचैनी और फिर उस बेचैनी से लड़ने की छटपट
आपका हाथ थामे रहता है उसका हाथ

जो बस दरकती हुई चमड़ी से मढ़ी हड्डी-भर रह गया है
और बहुत मुलायम है
और जिसमें ऊष्मा की आख़िरी किस्त का स्पर्श है

आपका हाथ
उसके हाथ को थामता है
और वही करता है तमाम आख़िरी बातें
आप तो जितने ख़ामोश गए थे
उससे भी ज़्यादा ख़ामोश लौट आते हैं

रहेगा

उनमें से एक जाएगा पहले
और दूसरा रहेगा

रहते हुए नहीं
जाते हुए रहेगा

याद में जाते हुए
साथ में रहेगा
अपने चारों तरफ़ घिर आए
अकेलेपन में रहेगा

उसके जाने को देख चुकने के बाद
अपने जाने को देखने में रहेगा

जा चुकने के बाद के
रहने में
रहेगा

अन्तिम पत्र

अपने आख़िरी ख़त में
उसने किसी पर कोई फ़ैसला नहीं दिया
किसी को कुसूरवार नहीं ठहराया

लेकिन बरी हो जाने की राहत
किसी को नहीं मिली

वह किसी अदीब का नहीं
एक जवान सपने का ख़त है

जो एक दिन अचानक ख़त्म नहीं हो गया
वह फ़ना हुआ धीरे-धीरे

इसके तमाम हर्फ़ों में वह उड़ती हुई ख़ुशबू है

जो ज़िन्दा रहते हैं वे हमें दिखाई नहीं देते
इसके लिए उन्हें मरना पड़ता है

तब हम उनकी आख़िरी इबारत को देखते हैं
और वह उड़ती हुई ख़ुशबू
जलते हुए शव की बू में बदलकर
दिमाग़ में भर जाती है।

आख़िरी बात हमेशा रह जाती है

आख़िरी बात हमेशा रह जाती है
और समय हो जाता है

कोई उठता है
और चल देता है

हम उधर देखते रहते हैं

जहाँ पर्दा अभी तक
हिल रहा है

शुक्रिया

इस्माइल साइकिल सर्विस से
चार आने घंटे से मिलने वाली
साइकिल का शुक्रिया
कि उससे सन्तुलन सीखा
और सीखी रफ़्तार और उस पर क़ाबू पाने की विधियाँ

ठेले पर लगनेवाली लाइब्रेरी से
चार आने रोज़ पर मिलने वाले
गुलशन नन्दा के उपन्यासों का शुक्रिया
कि उन्होंने अगले मोड़ तक पहुँचाकर
विनम्रता से कहा : आगे आप जाइए
हमें आपके साथ यहीं तक आना था

सिगरेट के धुएँ, बदबू और खटमल-भरी सीटों वाले
उन गन्दे टॉकीजों का शुक्रिया
जिनके मटमैले पर्दों पर
जीवन के तमाम गुमशुदा रोमांच हमारा इन्तज़ार करते थे

गांधी हॉल के बग़ीचे में बने सीमेंट के उस शेर का शुक्रिया
जिसके एक कान में घुसने के लिए सीढ़ियाँ
और दूसरे कान में फिसलपट्टी है
उसने बताया कि चीज़ें उतनी डरावनी नहीं होतीं
जितनी लगती हैं
और शेर भी खेल का साथी हो सकता है

गर्मियों के आते ही जगह-जगह खुल जाने वाली
गन्ने के रस वाली
उन मधुशालाओं का शुक्रिया
वे कड़े से कड़े घाम में भी ठंडी मिठास की गुंजाइश थीं

आगे बढ़ती एक उम्र
बार-बार पीछे मुड़ती है
और अपने एक दौर के सामने
शुकराने में झुकती है

अन्तिम मृत्यु

उसका फ़ोन मर गया
उसके दरवाज़े की घंटी मर गई
उसके आसपास की तमाम आवाज़ें मर गईं
मर गई घड़ी की टिकटिक
उसी के साथ
उसका इन्तज़ार मर गया

अपने चारों तरफ़ मौत से घिरी
वह तो बिल्कुल आख़िर में मरी

पर जिन्हें बहुत बाद में इसका पता चला
उन्हें इस सब का कुछ पता नहीं है

वि-गत

जब वह एक दिन
तमाम गहमागहमी के बीच
चुपचाप उठकर चला गया

पहले तो किसी को
पता ही नहीं चला
फिर किसी का ध्यान गया
और फिर किसी और का
और सबने कहा अभी-अभी तो यहीं था
पता नहीं कहाँ चला गया

जाने के लिए तैयार होने में
उसे एक उम्र लगी थी

पर उसे गया हुआ मान लेने में
कोई वक़्त नहीं लगा

सबके जाने के बाद

अर्थी के साथ ही उठने लगेगा शोक

जब सब जाएँगे उसकी अन्तिम यात्रा में
जीवन घुसेगा फिर दबे पाँव घर में
रास्ते पर बिखरे
उन्हीं फूल गुलाल पर पैर रखते हुए

पहले आवाज़ें बहाल होंगी
और चहलकदमी शुरू होगी

कोई पूछेगा धीरे-से : चाय बना दूँ?

दो-तीन दिन बीतेंगे
और चहल-पहल गहमागहमी
आने-जाने की हलचल

लोग पूछते रहेंगे : कैसे क्या हुआ
उन्हें बताना रहेगा फिर फिर
बच्चे उधम मचाते रहेंगे

कोई उन्हें बेकार ही कहता रहेगा
चुपचाप एक जगह बैठने के लिए

नदी घाट भोज भात
सब होते-होते
जाने लगेंगे नातेदार धीरे-धीरे
उन्हें दरवाज़े तक छोड़कर लौटोगे

थकान इतनी सूनापन इतना

वह तस्वीर में से देखता रहेगा
तुम्हें इस तरह
आँखें मूँदे
लेटे हुए
और सिर पर हाथ फेरता रहेगा इस तरह
कि तुम्हें पता न चले

आत्महत्या

हत्या पारदर्शी है
अगर मक़सद का पता चल जाए

पेचीदा है आत्महत्या
कोई मक़सद नहीं रहने से भी हो जाती है

वह एक असाध्य प्रमेय है
कामयाबी और नाकामी के गणित से परे

वह एक फ़ैसला है
एक इस्तीफ़ा
एक बदला
एक बयान
जिसकी सारी तैयारी भूमिगत है

और उसके बाद वह एक सवाल है
जो रह गए लोगों के सामने
फंदे की तरह लटकता रहता है

वह उतर गया है अपने स्टेशन पर

मरने का तजुर्बा बताने
कोई नहीं लौटा

जीवित रहकर नहीं जाना जा सकता
कि उस तरफ़ क्या है

जो गया वह गया कहाँ
जा सका भी या नहीं
क्या कभी झाँकेगा सपने में
निर्जन में चलेगा पीछे-पीछे
वह ख़ुश-ख़ुश विदा हुआ
या किसी अधूरी बात से बिंधा हुआ है अब तक
जो उसके कंठ में भिंचकर रह गई

वह लापता है
जिसके लिए कोई इश्तहार नहीं लगाया जा सकेगा

वह उतर गया है अपने स्टेशन पर
जिसका नाम
धुंध में पढ़ना मुश्किल है